跟着皇帝遊故宮

奇珍異寶在我家

珍寶篇

段張取藝　著／繪

新雅文化事業有限公司
www.sunya.com.hk

跟着皇帝遊故宮

奇珍異寶在我家（珍寶篇）

作　　者：段張取藝
繪　　圖：段張取藝
責任編輯：楊明慧
美術設計：劉麗萍
出　　版：新雅文化事業有限公司
　　　　　香港英皇道 499 號北角工業大廈 18 樓
　　　　　電話：（852）2138 7998
　　　　　傳真：（852）2597 4003
　　　　　網址：http://www.sunya.com.hk
　　　　　電郵：marketing@sunya.com.hk
發　　行：香港聯合書刊物流有限公司
　　　　　香港荃灣德士古道 220-248 號荃灣工業中心 16 樓
　　　　　電話：（852）2150 2100
　　　　　傳真：（852）2407 3062
　　　　　電郵：info@suplogistics.com.hk
印　　刷：中華商務彩色印刷有限公司
　　　　　香港新界大埔汀麗路 36 號
版　　次：二○二一年五月初版

本書簡體字版名為《我愛我家 故宮（全6冊）》，ISBN 978-7-121-39464-5，由電子工業出
版社有限公司出版，版權屬電子工業出版社有限公司所有。本書為電子工業出版社有限公
司獨家授權的中文繁體字版本，僅限於中國香港、澳門和台灣地區發行。未經本書原著出
版者與本書出版者書面許可，任何單位和個人均不得以任何形式（包括任何資料庫或存取
系統）複製、傳播、抄襲或節錄本書全部或部分內容。

ISBN: 978-962-08-7764-3
© 2021 Sun Ya Publications (HK) Ltd.
18/F, North Point Industrial Building, 499 King's Road, Hong Kong
Published in Hong Kong, China
Printed in China

小朋友，我是**清代的乾隆皇帝**。紫禁城（又稱故宮）是我的家，讓我帶你看看**我的珍貴收藏品**吧！

目錄

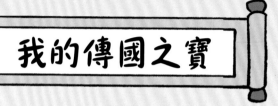

我的傳國之寶

紫禁城裏有歷代皇帝收藏的各種各樣珍寶，就像一個超級大型的博物館。

這些寶貝中最重要的是我的傳國之寶——寶璽。我的寶璽一共有二十五個，它們是我的「工作身分證」，無論進行什麼工作，都需要用寶璽蓋章才能生效哦！

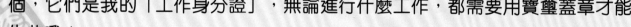

寶璽是清朝的皇帝工作蓋章用的印璽，不同的寶璽用於不同種類的工作。每年冬天舉行封印儀式時，會有專人將寶璽拿出來清洗乾淨，然後裝進匣子封存。

快把我的親親之寶拿來！

親親之寶！

天子信寶
對少數民族和屬國地區頒布法令時使用。

檀木皇帝之寶
皇帝登基、大婚、冊封皇后時使用。

天子之寶
祭祀百神時使用。

皇帝行寶
皇帝賞賜有功之臣時使用。

大清受命之寶
用於彰顯皇帝的正統身分。

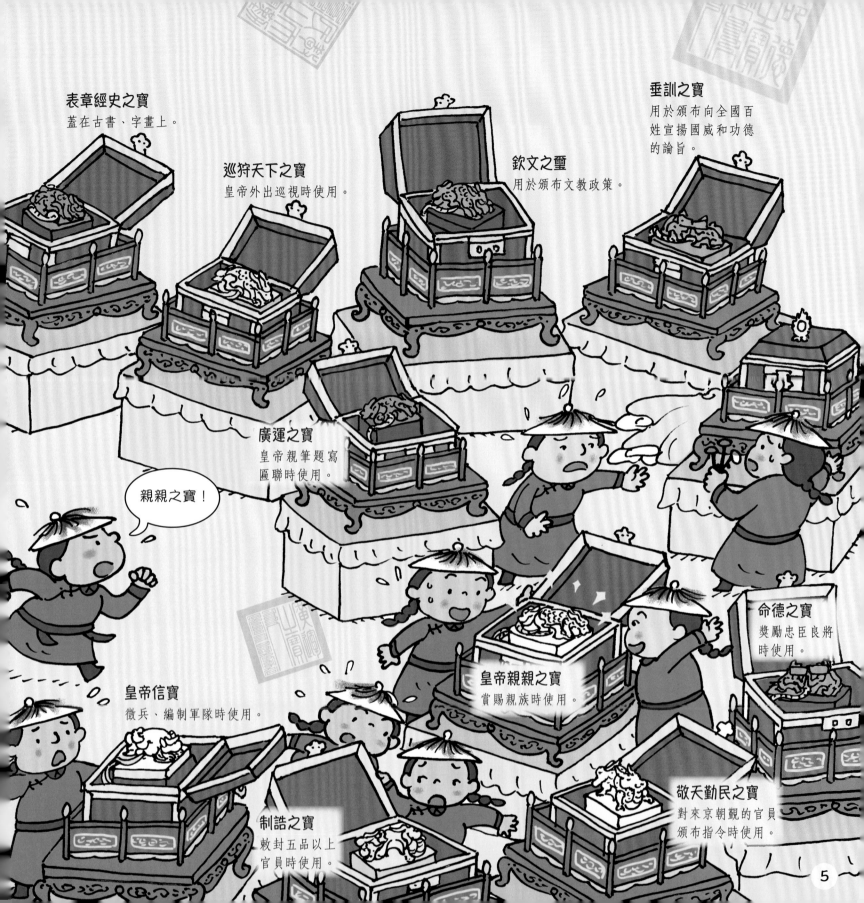

表章經史之寶
蓋在古書、字畫上。

巡狩天下之寶
皇帝外出巡視時使用。

欽文之璽
用於頒布文教政策。

垂訓之寶
用於頒布向全國百姓宣揚國威和功德的諭旨。

廣運之寶
皇帝親筆題寫匾聯時使用。

親親之寶！

皇帝信寶
徵兵、編制軍隊時使用。

命德之寶
獎勵忠臣良將時使用。

皇帝親親之寶
賞賜親族時使用。

制誥之寶
敕封五品以上官員時使用。

敬天勤民之寶
對來京朝觀的官員頒布指令時使用。

如意館裏趣味多

我有一間工作室，裏面很多寶貝都是我親自設計的。工作室的員工們會根據我的設計方案，製造出各種新鮮有趣的工藝品。此外，這裏也珍藏來自世界各地設計精巧的工藝品。

皇上說底部還要加一首詩！

瑪瑙按摩器
可通暢脈絡，舒筋活血，消除疲勞。

銅鍍金染牙箱童子風扇
上了發條後，上面的童子會自動給人搧風。

如意館
乾隆皇帝親自管理的手工工作室。如意館內有專門為皇帝及其家人畫像的畫師，還有從事玉器雕刻、書畫裝裱、樣稿設計等工作的工匠。

《乾隆帝后妃嬪圖卷》
如意館的畫師為乾隆皇帝及其后妃們繪製的肖像畫。

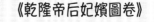

太神奇了，鳥就像真的一樣！

玉雕人物飛禽走獸紋豆

銅鍍金琺瑯樓攀槓人鐘

報時的時候，第三層的小人會自動散步，第二層的小人會表演單槓運動。

皇上推薦的顏色果然不一般！

攪玻璃瓶

採用乾隆時期的新技術製作而成。瓶子顏色純正，紋飾流暢活潑。

真是巧奪天工啊！

師傅，您看那是什麼？

這些盆栽的果實和樹葉是由碧玉、紅珊瑚珠以及各色寶石等做成，看上去和真的一樣。

碧玉萬年青盆景

臘梅花樹盆景

五花八門的家具

我家裏所有的家具都是寶貝，它們均由名貴的木料製成，工藝複雜，製作精美，有的還在我的畫像中出現過呢！

《弘曆是一是二圖》

描繪的是乾隆皇帝背對着自己的畫像鑒賞文物的場景。這幅畫裏的兩個乾隆皇帝長得一模一樣，穿得也一模一樣。近年，這幅畫中的場景在故宮南大庫家具館「原景重現」。

紫檀嵌黃楊雲龍紋屏風

我們是不是該穿畫卷上的衣服呀？

紫檀雲龍紋六方几

朱漆描金雲蝠紋長桌

紫檀拐子紋條桌

紫檀剔紅嵌銅花羅漢牀

彩漆描金花卉紋葵花式桌

明宣德鳳耳三足爐

多寶格

清朝皇帝的「玩具箱」。多寶格中每個格子的尺寸都是特別制定的，確保每一件寶貝放進去都能嚴絲合縫。這樣一個小小的多寶格，可以放上幾十件寶貝，而且非常結實耐用。

花梨木雕雲龍紋立櫃

高 5.18 米，是紫禁城最高的家具，放在坤寧宮，用於儲藏祭祀器物。這組櫃子自從安裝完成後就沒有被搬動過。

紫檀多寶格方匣

這個玩具箱有機關！

我畏高……

鹿角椅

用鹿角加工而成的椅子。鹿角是乾隆皇帝打獵所得，他命人將鹿角做成椅子，是想告誡後人不能忘了騎射的本領。

我是豪華鐘錶迷

我收集了來自世界各地的鐘錶，有法國的、英國的、瑞士的，還有我們自己生產的。這些鐘錶各式各樣，不僅可以用來看時間，有的還可以當作「盆栽」、「電視機」、「音樂機」和「化妝盒」。

外觀精美、報時精準的西方鐘錶傳入中國後，受到了很多人的喜歡，成為當時的頂級奢侈品。乾隆皇帝是個十足的「鐘錶迷」，他收集並製作了很多豪華鐘錶。

銅鍍金寫字人鐘
高兩米多，鐘裏的寫字人手握毛筆，只要打開開關，就會開始寫字。

銅鍍金崁珠緣畫琺瑯懷錶

銅鍍金飾瑪瑙望遠鏡式錶
將錶取下可以當作望遠鏡。

銅鍍金冠架鐘
可以放置皇帝帽子的帽架鐘錶。

這些只是冰山一角哦！

銅鍍金琺瑯壁瓶錶
可以懸掛在皇帝轎上賞玩。

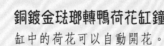

銅鍍金琺瑯轉鴨荷花缸鐘
缸中的荷花可以自動開花。

做鐘處是清朝皇宮中專門負責製造、修理鐘錶的工廠。皇帝出巡、圍獵的時候，也要派工匠帶上鐘錶，以便隨時使用。

銅鍍金仙鶴馱亭式錶

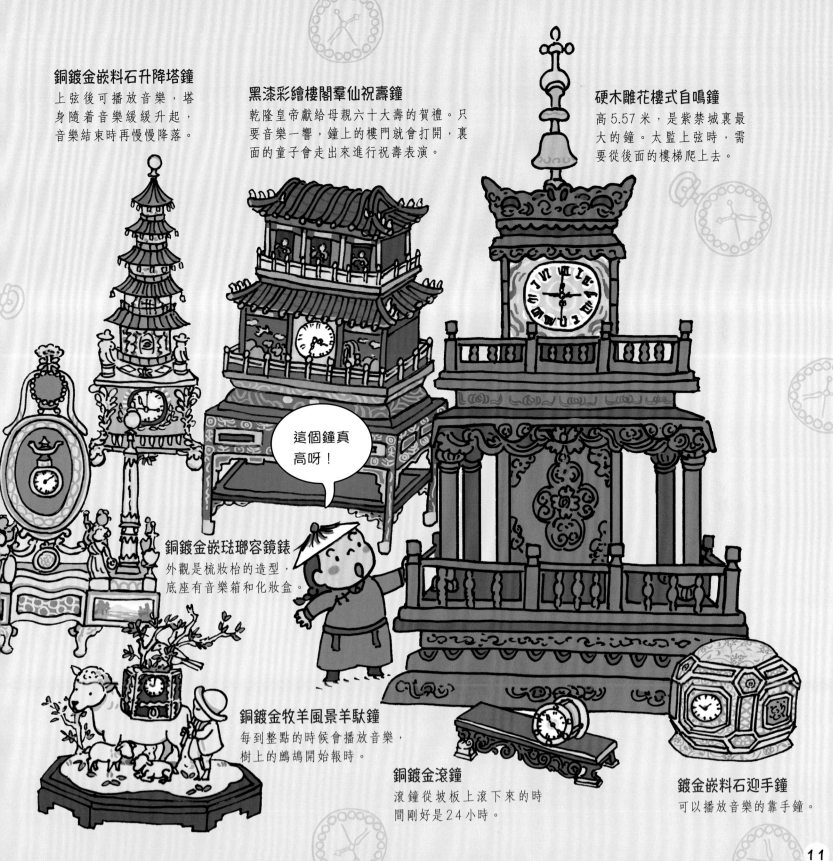

銅鍍金嵌料石升降塔鐘
上弦後可播放音樂，塔身隨着音樂緩緩升起，音樂結束時再慢慢降落。

黑漆彩繪樓閣羣仙祝壽鐘
乾隆皇帝獻給母親六十大壽的賀禮。只要音樂一響，鐘上的樓門就會打開，裏面的童子會走出來進行祝壽表演。

硬木雕花樓式自鳴鐘
高5.57米，是紫禁城裏最大的鐘。太監上弦時，需要從後面的樓梯爬上去。

這個鐘真高呀！

銅鍍金嵌琺瑯容鏡錶
外觀是梳妝枱的造型，底座有音樂箱和化妝盒。

銅鍍金牧羊風景羊馱鐘
每到整點的時候會播放音樂，樹上的鷗鴣開始報時。

銅鍍金滾鐘
滾鐘從坡板上滾下來的時間剛好是24小時。

鍍金嵌料石迎手鐘
可以播放音樂的靠手鐘。

11

多姿多彩的瓷器

瓷器是我們中國人的驕傲，各個朝代的皇帝都喜歡設計、收藏瓷器。不過，我覺得最厲害的還是我設計的瓷器，我能把各種各樣的工藝都在一個瓶子上展現出來！

歐洲人第一次看到瓷器的時候，認為瓷器一定是用魔法製成的，他們把瓷器稱作「白色黃金」。

汝瓷

據說宋徽宗夢到雨過天晴後天空的顏色，於是命令工匠燒製天青色的汝瓷。汝瓷造型古樸大方，用名貴瑪瑙做釉料，有獨特的天青色光彩。

青花瓷

明朝永樂皇帝喜愛青花瓷，甚至把青花瓷做成地磚鋪在地上。永樂青花青色濃烈，瓷器線條柔美流暢。

霽藍釉瓷器

明朝宣德時期，因為技藝高超、用料精緻，燒製出散發藍寶石光澤的霽藍釉瓷器。這個時期的霽藍釉瓷器是最好，也是最珍貴的，就連清朝的皇帝們也忍不住想要仿製。

琺瑯彩瓷器

清朝康熙時期燒製出琺瑯彩瓷器，造辦處更專門設立了琺瑯作坊。此時的琺瑯彩瓷器顏色豐富，呈現出的效果很有立體感。

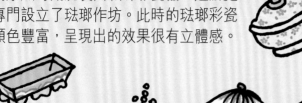

松石綠釉瓷器

清朝雍正時期燒製出一種松石綠顏色的釉彩，也叫秋葵綠釉。松石綠釉瓷器顏色淡雅清新，質感細膩，非常高級。

各種釉彩大瓶

「各種釉彩大瓶」的全名有 80 多個字，又稱為「瓷母」。清朝乾隆時期製瓷技術發展到高峰，於是乾隆皇帝想把所有工藝匯集到一個瓶子上。「瓷母」全世界僅此一個，它的體積最大、釉彩種類最多、製作工藝最難。

這幾乎是不可能的事情，但是皇上卻做到了！

它的名字叫青花五彩鬥彩金彩琺瑯彩紅釉粉青釉霽藍釉松石綠釉仿汝釉……

天哪！集宋代到清代的 17 種工藝於一身的瓶子！

明清皇帝們十分喜愛瓷器，皇宮內的所有瓷器即使破損了也不能隨便丟棄，必須找專門的地方掩埋，不能有一片碎瓷流出宮外。

絕世兵器庫

兵器是一個國家的重要戰鬥力量。我有一個巨大的兵器庫，裏面藏着當時國家最厲害的絕世兵器，外出打仗全靠它們！

遏必隆腰刀

清朝大臣傅恒外出打仗前，乾隆皇帝親賜遏必隆腰刀，作為傅恒擔任欽差大臣的證明。此刀刀光閃爍，寒氣森森，削鐵如泥。

乾隆神鋒寶劍

歷代皇帝的御用寶劍中最精美、貴重、奢華的一件。寶劍不僅是兵器，也是身分和指揮權的象徵。

天字一號動龍刀

乾隆皇帝大閱兵時用的佩刀，戰鬥力並不強，主要用作裝飾。

織錦銅釘鐵葉盔甲

嵌有堅固的鋼片，刀槍不入。

偃月刀

用於武舉考試、日常操練，以及裝飾兵器庫。偃，粵音演。

飛虎斧

斧身為鋼質，雙面刻有飛虎，刀刃薄且銳利。

14

火繩槍

靠燃燒槍上的導火繩來點燃火藥，使用者需要攜帶火種或火石等。火繩槍是清朝軍隊中最常用的一種槍。

燧發槍

將打火石直接裝在槍上，可自動摩擦起火，發射子彈。康熙皇帝把燧發槍叫作「自來火槍」，但乾隆皇帝覺得名字俗氣，不過最終也沒想出更好聽的名字來。燧，粵音睡。

銅帽槍

也叫擊發槍，它的火門是全封閉式的，上面有一個銅質的火帽，能夠很好地防風防雨。

武成永固大將軍炮

康熙時期研發的重型火炮，是當時最先進的火炮。但該火炮不便於長途運輸，因此主要用於加強北京的城防及威懾敵人。

威遠將軍炮

輕型短炮，擅長攻城、佔領高地。威遠將軍炮跟隨康熙皇帝東征西伐，威名在外，取得過「三炮攻一城」的戰績。

各種造型的玉

我收藏最多的寶貝之一就是玉。我把玉雕刻成各種各樣的造型，我的生活中到處都是玉。

中國古代的貴族都喜歡用玉做裝飾，帝王最重要的寶璽也多由玉做成。戰國時，甚至有用一塊和氏璧玉換十五座城池的故事。

田黃三聯璽

田黃石素有「萬石之王」的稱號。田黃三聯璽由一塊相當大的田黃石雕刻而成，是乾隆皇帝的心愛之物，作為皇家寶物世代相傳。清末代皇帝溥儀離開皇宮時將三聯璽帶出宮，為了不讓它被搶走，還把它縫在棉衣裏隨身攜帶。

和闐白玉錯金嵌寶石碗

乾隆皇帝的奶茶碗，鑲嵌了108顆紅寶石。闐，粵音田。

白玉乾隆御臨蘭亭冊

在玉上雕刻的《蘭亭序》。

那才是真的大寶貝！

這個是皇上的搔癢器。

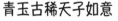

青玉古稀天子如意

玉做的如意，用作裝飾，代表吉祥如意。

玉雲龍紋爐

宋代玉器。曾被選入故宮「十大鎮館之寶」。

碧玉描金雲龍特磬

宮廷樂器。

青玉鑲赤金筷

青玉召夫鼎

玉板指

這個寶貝也太小了吧！

白玉壽字出戟方觚

青玉回首鴨

工匠們分了好幾個小隊，日夜不停地雕刻，花了六年才完成這座玉山。

這座玉山有2.24米高，5噸重。

青玉白菜花插

這些也只是冰山一角，你們可以親自來我家看看哦！

大禹治水圖玉山
世界上最大的玉雕。據說，當時特製了一輛車子，用了幾百匹馬在前面拉，一千多個人在後面推，花了三年多的時間才把玉雕的用料從新疆運到北京。

喜愛發明的爺爺

我的爺爺康熙皇帝是一個理科專才，他非常喜歡天文、數學和地理，經常拉着研究員們一起發明、製造各種有趣的天文儀器。他留下來的很多科技寶貝都被我好好地收藏起來。

天文觀測

康熙皇帝的一項日常活動。他非常喜歡觀測日月星辰，對影子、月亮的變化，甚至日蝕和月蝕都特別感興趣。

紀限儀
用來計算天體之間的角度。

御製銅鍍金星晷儀
通過測量星星來測定時間。

康熙皇帝經常向大臣們炫耀自己做的實驗。有一次，他計算出正午的日影長度，高興地讓大臣們等他驗證成功。

銅製測高弧象限儀
用來測定天體的地平高度。

千里眼
也就是望遠鏡。

御製銅鍍金半圓地平日晷
可以利用日影來測定時間。

地平經儀
測量天體和地平線之間的角度。

銀鍍金渾天儀
可以演示太陽、月亮轉動的情況，以及日蝕和月蝕。

學習數學

康熙皇帝最喜歡數學，他能背誦很多數學定理和公式口訣，還出版了自己的科研論文《三角形推算法論》。發明微積分的德國數學家萊布尼茨就是康熙皇帝的忠實擁護者。

銅鍍金嵌瑪瑙玻璃規矩箱錶
豪華測量工具箱。

銅鍍金盤式手搖計算機
當時世界上最先進的計算器，可以進行加、減、乘、除、平方、立方等多功能的運算。

地理測繪

康熙皇帝經常外出做實地考察。他巡視江南時，遇到河湖就要用水平儀測一下水位，遇到山川就要測量一下山地的距離。

四游標半圓儀
主要用於測量角度。

康熙朝地球儀
不僅標注了城市、江河湖海，而且下端還畫出了航海線路。

《皇輿全覽圖》
康熙皇帝下令繪製的地圖，比當時所有歐洲地圖都精確。

19

十二生肖在我家

　　圓明園是我的皇家花園，裏面也藏着很多寶貝。其中，最有趣的是十二生肖銅像，它們不僅造型逼真，還可以作噴泉表演。

圓明園十二生肖獸首銅像

圓明園海晏堂前，一處噴泉景觀的一部分。設計師郎世寧一開始想做西方流行的人體雕塑，但乾隆皇帝讓他根據中國的傳統審美來設計，改成了人身獸首的十二生肖銅雕，這樣才有中國味道。

這可是郎世寧的最新設計！

真神奇！

其實我覺得用人體雕塑也不錯……

圓明園十二生肖獸首銅像是我們中華民族的文化傳承，然而在戰爭中，圓明園被燒毀，獸首銅像流散國外。目前，牛、虎、猴、豬、馬、鼠、兔、龍首回到了中國，但蛇、羊、雞、狗首仍然下落不明，十二生肖獸首銅像至今都沒有聚齊。

十二個銅像分別擺放在十二個時辰的位置。每到一個時辰，位於該時辰的銅像就會自動噴水。中午十二時，十二個銅像會同時噴水。

名畫珍藏記

我非常喜歡欣賞各種各樣的書畫，我家收藏的名家畫作可謂多到數不清呢！這些畫作就像一幅幅超大型的連環畫，我可以一口氣看上好多幅！

《千里江山圖》

長約12米，描繪的是宋朝的美麗江山。這幅畫的作者王希孟是北宋宮廷繪畫教育機構「畫學」的學生，他曾得到宋徽宗的親自教導。王希孟在18歲時完成了這幅作品。

《五牛圖》

唐代畫家韓滉畫的五頭不同的牛。這幅作品是現存最古老的紙本中國畫，也被後世評為「鎮國之寶」之一。

《韓熙載夜宴圖》

由五代十國時期的畫家顧閎中繪製，是關於韓熙載舉辦宴會活動的連環畫。這幅作品代表了古代工筆重彩人物畫的最高水平。

《步輦圖》

唐代畫家閻立本所畫，描繪了唐太宗接見吐蕃和親使者的情景。

《百駿圖》

清代宮廷畫家郎世寧繪製的一百匹形態各異的駿馬。

中國十大名畫中，有八幅作品的真品曾被乾隆皇帝珍藏，而且經常被他拿出來鑒賞。現在，為了保護這些傳世名畫，真品幾乎數十年才展出一次。

《虢國夫人遊春圖》

唐代畫家張萱的作品，描繪的是楊貴妃的三姐虢國夫人盛裝出遊的情景。虢，粵音隙。

國寶歷險記

　　《清明上河圖》是每個書畫愛好者都想擁有的寶貝，但是它「流浪」了幾百年，就連我也沒見過正版的。

《清明上河圖》

全長5米多，描繪了北宋都城汴京的繁華景象，屬於國寶級文物。因為這幅畫太有名，導致後世臨摹的人非常多，現在世界各地有幾十個不同的版本。

進宮

張擇端用畢生精力畫出了一幅極長且非常精美的畫作獻給宋徽宗。宋徽宗大喜，親自取名《清明上河圖》。

進宮

元朝建立後，元世祖忽必烈下令在全國各地收集珍貴書畫，《清明上河圖》被收入皇宮中的秘密藏書基地。

出宮

北宋滅亡後，《清明上河圖》被金人搶奪，一路飄飄蕩蕩，流落到東北，在無數次戰爭中被不停轉手。

出宮

不過，元朝的皇帝並不喜歡書畫，很多書畫都被蟲蛀壞了。一位裝裱匠在修復書畫時趁機把《清明上河圖》偷了出來，並賣到民間。幾次流轉後，《清明上河圖》落到收藏家楊准手裏，楊准把這一名作從宮中流出的所有經歷都寫在了圖後。

進宮

元朝滅亡後，《清明上河圖》又被四處轉手。明朝官員嚴嵩絞盡腦汁搜尋，最終強行奪取了這幅畫。不過，他因專橫霸道且工作不力而被皇帝罷官，朝廷就把他的寶貝全部沒收了。

出宮

明朝萬曆皇帝身邊的太監馮保得到了《清明上河圖》。為了不讓人發現自己偷走了這幅畫，他四處散播謠言，說這幅畫被一個小太監偷出宮藏在石縫裏，打算高價賣出，但是不小心被雨水沖毀了。

進宮

乾隆時期，《清明上河圖》到了文臣畢沅手裏。畢沅去世後，嘉慶皇帝收藏了它。此時，距離這幅名作誕生已經過去了六百多年。

乾隆時期，由於《清明上河圖》不在宮中，為了慶賀乾隆皇帝登基，宮廷畫師們曾聯手趕製了一個仿本送給他，這個仿本被稱為清院本《清明上河圖》。

就連我也沒見過真跡！

我的收藏也有假

作為全國最大的收藏家，我收藏的書畫實在是太多了，有時候我也分不清楚哪個是真的，哪個是假的。其實，我經常買到假貨！

《富春山居圖》

元代畫家黃公望的一幅水墨畫，被認為是中國十大傳世名畫之一。

假的假的，我的才是真的！

乾隆皇帝曾得到一幅假的《富春山居圖》，但他認為是正版的，還經常拿出來賞玩、蓋章。

第二年，又出現了《富春山居圖》的《無用師卷》部分。乾隆皇帝花了兩千兩銀子買了下來，鑒定後，他堅持認為自己原有的版本是真的，新買的是假的。

事實上，乾隆皇帝後來買的《無用師卷》才是黃公望的真跡，他卻覺得這個是偽造的，反而把假的放在身邊一直賞玩。如今，《富春山居圖》的兩部分被分別收藏於台北故宮博物院和浙江省博物館。

《韭花帖》

書法家楊凝式專門為讚美韭菜花寫下的傳世字帖。楊凝式睡醒後感覺特別餓，當他吃到美味的韭菜花時，突然靈感大發，寫下此作。

> 皇上手裏的字帖不像是真跡！

乾隆皇帝十分珍愛流傳下來的寶貝，他擔心自己鑒別有誤毀了真作，所以即使是假的，他也一起收藏了下來。據說，乾隆時期收藏登記在「西清四鑒」中的一千多件帶文字的青銅器中，有三分之一都是偽造品。

《謝賜御書詩表》

宋代書法家蔡襄為了報答宋仁宗，特意寫的一首詩。

康熙皇帝收藏了《韭花帖》，但當時的大臣高士奇偷偷把真品換出了宮，留下一幅仿品。乾隆皇帝繼位後，經常拿着字帖到處賞玩，卻一直不知道手裏的字帖是假的。

乾隆皇帝手中有兩個版本的《謝賜御書詩表》，他把一幅收藏在自己的寶貝庫中，另一幅賞給了六阿哥永瑢。然而，他留給自己的那幅卻是假的。

> 都是我的寶貝！

《獅子林圖》、《汀樹遙岑圖》、《古木竹石圖》

元代「四大名師」之一倪瓚的畫作。乾隆皇帝特別喜歡倪瓚的作品，然而，他收藏的這三幅畫作都是贗品。

睡前我也讀繪本

《海錯圖》是我珍藏的睡前讀物。晚上睡覺前，我喜歡打開這本書，看一看海洋世界裏發生的有趣故事。

《海錯圖》的作者叫聶璜，他很喜歡海洋生物，但古代沒有照相機，於是聶璜決定把牠們畫下來。對於那些從沒見過的生物，聶璜就根據想像和他人的描述來畫。《海錯圖》中一共記錄了 371 種海洋生物，介紹了生物的外貌、習性、食用方法和藥用價值等。

海鱔

全身通紅，身體像蛇，腦袋像仙鶴，嘴巴尖尖的。聶璜寫道：「全身都是油，很難吃！」

帶魚

釣魚時如果釣上一條帶魚，其他帶魚就會咬住牠的魚尾被一起釣上來。聶璜介紹了一種帶魚的烹飪方法——醃漬鹹帶魚。他寫道：「福建的鹹帶魚味道一般，浙江的鹹帶魚清香可口。」

壽星章魚

腦袋圓滑凸起，和傳說中的神仙「壽星」很像，眼睛炯炯有神，坐姿特別端正。

井魚

頭頂有一口「噴水井」，牠一噴水，漁民就趕緊用盆去接，說是淡水。其實，這些水是井魚呼吸時形成的水蒸氣。

海狗

據說長得像狗，前腳長、後腳短，水性特別好，能夠在深海中捕魚。

聶璜完成《海錯圖》後，就帶着他的作品消失了。直到多年後，有人把這本書獻給雍正皇帝，《海錯圖》才重現江湖。乾隆皇帝曾下旨讓太監重新裝幀《海錯圖》，並把它放在常去的宮殿，以便隨時翻看。之後的皇帝也都非常喜歡《海錯圖》。

鱷魚

一個叫余伯謹的人告訴聶璜，說鱷魚「長二丈，身有甲，四足短而有爪，嘴方而闊，尾不尖而扁」。聶璜想像了一下，最後畫出這樣一條奇怪的鱷魚。

鹽龍

傳說產於南方的一種龍，鱗甲可以用來生產鹽。

海和尚

據說福建有人捕撈到一隻動物，長得像一個禿頭和尚，於是害怕地放回了海裏。人們把這種動物叫海和尚，其實牠是棱皮龜，牠的後背不是龜甲，而是皮革一樣的皮膚。

鹿鯊

傳說廣東的海中有鹿鯊，牠上岸後會變成鹿。

紫禁城現代藏寶圖

今天到北京的故宮博物院參觀，還是可以看到很多我的珍寶啊！

書畫館：文華殿
藏有歷代稀世書畫孤本以及明清畫家的代表作品。

武備館：箭亭
藏有歷代皇帝的御用馬鞍、馬鐙，還有弓箭、盔甲等。

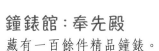

鐘錶館：奉先殿
藏有一百餘件精品鐘錶。

陶瓷館：武英殿
藏有近千件精品瓷器。

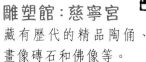

雕塑館：慈寧宮
藏有歷代的精品陶俑、畫像磚石和佛像等。

青銅器館：承乾宮、永和宮
藏有出土的古老青銅器以及歷代皇帝珍藏的青銅器。

家具館：南大庫
藏有明清宮廷家具，並原景重現皇帝工作、生活的場景。

珍寶館：寧壽宮
藏有皇帝和后妃們的珠寶首飾，以及各種金銀做成的器具等。

戲曲館：暢音閣、閱是樓
藏有大量戲曲文物、劇本、戲台等，還原了帝后賞戲時的場景，甚至還能聽到當年的戲曲唱片。

流失海外的寶貝

《乾隆帝后妃嬪圖卷》
郎世寧等人繪製的乾隆皇帝全家福，傳說乾隆皇帝自己也
只看過這幅畫三次。現藏於美國克利夫蘭藝術博物館。

曜變天目茶碗
宋代出品，世界上僅此一件，可
以發出迷人的光暈。現收藏於日
本東京靜嘉堂文庫。

康熙玉如意
近半米長的名貴玉器，是康熙皇
帝珍藏的寶貝。現藏於美國紐約
大都會藝術博物館。

《永樂大典》
編纂於明朝永樂年間，共有22,877卷，
是有史以來規模最大的百科全書。目前
僅存810卷，其中一部分被中國國家圖
書館珍藏，另外一大部分被多個國家的
不同機構分別收藏。

清代景泰藍麒麟
燃香用具，腹內點燃香料後，香
氣可以從口部向外擴散。真品曾
藏於法國巴黎楓丹白露宮，近幾
年被盜後下落不明。

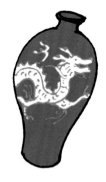

霽藍釉白龍紋梅瓶
元代精品，全世界僅存三件，
屬於國寶級文物。其中一件現
藏於法國巴黎吉美博物館。

32

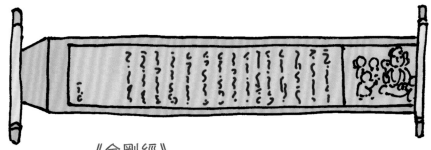

《金剛經》

現存的最早有明確出版時間的印刷書籍。
目前藏於英國大英圖書館。

遼代三彩羅漢

河北省易縣的三彩羅漢像。已知
現存的一共只有十尊,分別流落
在歐美國家。上圖所繪的這一尊
目前藏於英國大英博物館。

玉豬龍

因外觀看起來既像豬又像龍而得
名,是目前已知最早的龍形器物之
一。玉豬龍被發掘了無數件,其中
一件現藏於英國大英博物館。

商雙羊尊

約有三千年歷史的商代晚
期青銅盛酒器。現藏於英
國大英博物館。

《女史箴圖》

東晉顧愷之的作品,原畫已失,現存的是唐代摹本,
因為最接近原畫而被後人奉為經典摹本,是乾隆皇帝
的心愛之物。現藏於英國大英博物館。

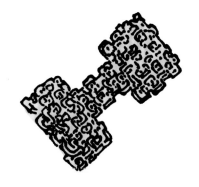

東周黃金劍柄

約二千五百年前的作品,純
黃金打造,歷經幾千年依舊精
美。現藏於英國大英博物館。